두손푸름시인선53

전공

인쇄일 | 2013년 3월 20일
발행일 | 2013년 3월 25일
지은이 | 정순남
펴낸이 | 최장락
펴낸곳 | 도서출판 두손컴
주　소 | 부산광역시 부산진구 부전로 35. 301호(부전동, 삼성빌딩)
전화 : (051)805-8002 팩스 : (051)805-8045
이메일 : doosoncomm@daum.net
출판등록 제329-1997-13호

ⓒ 정순남 KOREA
값 10,000원

ISBN 978-89-97083-58-9　03810

* 저자와 협의에 의해 인지를 생략합니다.
* 잘못 만들어진 책은 바꾸어 드립니다.

「이 도서의 국립중앙도서관 출판시도서목록(CIP)은 서지정보유통지원시스템 홈페이지(http://seoji.nl.go.kr)와 국가자료공동목록시스템(http://www.nl.go.kr/kolisnet)에서 이용하실 수 있습니다.(CIP제어번호: CIP2013001617)」

알뜰한 자식 사랑이 식물성 열매를 상징하는 의태어로 묘사되고 있는 이 시는 '두렁두렁 주렁주렁', '올망졸망', '두런두런 도란도란'으로 활용된다. 자식들을 살뜰히 키운 사랑을 식물을 정성으로 키워 열매를 맺도록 한 사랑의 이중적인 대비를 통한 가꿈과 사랑의 세월을 노래한 시이다. 자식의 풍성함을 호박이 넝쿨째 달려있는 형태로 표현한 가득함의 축원을 담은 시는 기도와 지극함의 정성으로 나타나고 있다.

시는 본래의 우아한 언어적 특성을 넘어서 거대한 힘, 아름다움, 집중과 같은 치유력을 지니고 있다. 시를 표현하는 사람들은 스스로의 창조적 에너지를 통해 그들 스스로의 변화뿐만 아니라 주변 세상에 변화를 가져올 수 있다는 것에 대해 즐거움을 느끼며 시 창작의 지난한 그러나 즐겁고 열정적인 고향과 삶의 공감대와 진실 추구의 향상화에 빠진다.

정순남 시인의 올곧은 의지와 실천적 삶은 서정적인 접근을 통하여 이 땅과 이 시간의 충만에 대하여 노래한다. 곳곳하게 아름다운 시의 길을 가는 정순남 시인의 열정과 후배 문인 사랑에 더하여 건강하시기를 기원한다.

말라'는 다툼의 형태와 '쪼매 따따하게 해주보이소'의 조금이라도 다정하고 따뜻하게 해달라는 의미 부여는 표준어 이상의 감칠맛이 나면서 의사 전달의 묘미를 가진다.

국민을 위한 척만 하고 대충 땜방질이나 하고 있는 정치인들을 향하여 '어찌 좀 해보소', '아이구 춥우레이'로 일갈하는 시인의 익살과 단호함을 동시에 보여주고 있다. 이와 같은 풍자와 비판은 '두둥 두둥 덩덩'이라는 의성어를 표현하여 신문고에 억울한 민초의 의지를 담아내고 있다. 현대판 신문고의 재발견이며 표현이다.

> 논두렁 밭두렁 같은 자식들
>
> 두렁두렁 주렁주렁 열린 열매
>
> 올망졸망 줄줄이 매달아
> 저쪽 가지 따
> 이쪽 가지 건네주고
>
> 두런두런 도란도란 의좋게
> 너랑나랑 나누어 주며
>
> 한소쿠리 가득
> 호박이 넝쿨째 주렁주렁
> 달렸으면 좋겠네
> ― 「자식들」 전문

왕에게 직접 호소하고자 두드리던 북이 바로 신문고였다. 이 신문고를 진선문에 설치했으나 유명무실해졌다가 영조 때 다시 설치하였다고 한다. 억울함을 제대로 호소하기 어려웠던 백성을 살피려는 왕의 배려였던 것이다.

판소리 형식의 흥을 돋구며 '두둥 두둥 덩덩/계절의 봄은/ 벌써 창틈에 와 있는 데/우리땅 봄은 언제 올라카노' 라는 사투리의 친근함은 곧 이어지는 아이들의 철없음과 어른들의 헛방망이질의 비판으로 이어진다. 계절의 봄은 오는데 우리 시대의 봄은 아직도 멀었다는 비판적인 견해를 뚜렷이 하고 있다. 말싸움질만 하고 있는 정치판을 향한 거침없는 풍자는 80년대의 민중시 이상의 찬탄을 받을 만하다.

진실한 마음은 외면한 채 말로서 더욱 상황을 악화시키는 세태를 꼬집는 시인의 상징은 '두둥 두둥 덩덩' 이라는 북소리의 의성어를 통한 현대판 신문고를 의식하며 백성의 억울함과 정치인들의 진정성을 상실한 '설레바리' 라는 경상도 특유의 사투리를 원용한 의미를 전달하고 있다. '설레바리' 는 진정성을 담지 않고 부산하게 움직이면서 남의 눈을 속이는 것을 말하는 경상도 고유의 사투리다.

나랏돈이나 축내면서 시끄럽게 떠들기만하는 정치인의 진실을 외면한, 겉으로 보여주면서 무언가 움직이는 외양의 모습만 보여주는 형태를 형상화하고 있다. 이때 '설레바리 친다' 는 시어의 활용이 돋보이면서 독자들에게 소박하게 전달하는 대중성을 확보하고 있다. '못잡아 묶어 어렁데지 사용되지 않다가 연산군 시대에 결국 폐지되었고 1771년(영조 47년) 영조가 탕평책의 일환으로 민심을 얻기 위해 다시 부활시켰다.

시정時政의 득실得失을 살피고 반역과 국가의 혼란을 예방하며 무시로 입궐해 월소직정(越訴直呈 : 소송의 제도 단계를 뛰어넘어 곧바로 상급기관에 호소함.)하는 폐단을 방지하기 위한 제도였으나 조선의 통치자인 국왕·관인이 그들을 중심으로 한 통치체제를 유지하고 동시에 모든 백성으로 하여금 하정을 상달하고 원억을 펴게 함으로써 선정을 도모하겠다는 의도에서 비롯된 청원·상소·고발 시설로서 제도화되었다.

금천교를 지나 진선문이 있다. 이 문에서는 신문고를 설치했다는 기록이 전해지고 있는데『경국대전』에는 "원통하고 억울함을 호소할 자는 소장을 내되, 그래도 억울하다면 신문고를 두드려라"라고 신문고 치는 절차를 밝혀 놓았다. 일반 백성들이 이러한 절차를 다 밟기도 어려웠거니와 병사들이 지키고 있는 돈화문을 통과하여 신문고를 치기가 여간 어려운 일이 아니었을 것이다. 두드리기가 힘든 신문고는 포기하고 왕의 행차에 뛰어들어 어려움을 호소하는 백성들이 많아져 조정의 골칫거리가 되기도 하였다는 이야기가 있다.

돈화문과 마찬가지로 진선문에도 북을 달았는데, 그 용도는 달랐다. 돈화문의 북은 시간을 알리는 데 사용했던 반면, 진선문의 북은 억울함을 호소하려는 용도였다. 원통한 일을

두둥 두둥 덩덩
새봄에 신문고야 울어보레이
  － 「새봄의 신문고」 전문

 질펀한 경상도 사투리로 쓴 정치판의 혼란상을 신문고의 민초고발 형태를 빌려 세태를 비판한 현실인식의 사회적인 시이다. 늙어감의 감상주의와 자신의 체념적인 삶을 탈피하여 적극적으로 현실에 참여하고 논의의 장을 펼치는 그의 현실인식이 엿보인다. 정순남 시인은 문단의 크고 작은 일에 비껴서고 말을 아끼며 눈치 보는 시인이 아니다. 옳고 그름을 분명히 하고 그 대안을 명쾌하게 밝히는 적극적인 자세를 견지해 왔다. 대부분의 연세든 어른 들이 말 많고 욕을 듣는 위치에 대하여 방기하는 태도를 보이지만 그는 색깔을 분명히 하는 선명한 처세를 한다. 때문에 손해를 볼 때도 있지만 동참하는 문인들의 호응을 얻는 어른의 자리를 고수하며 지속적인 지지를 획득한 것이다.

 신문고申聞鼓는 조선 시대 1401년(태종 1) 7월에 조선 개국 이래의 혼란과 재상宰相·훈신勳臣이 중심이 된 정치를 극복하고 국가의 안정과 국왕을 중심으로 한 정치를 구현하려는 태종이 백성을 위해 설치된 고발 기구로 백성들의 억울한 일을 해결할 목적으로 대궐 밖에 설치한 북이다. 백성들은 억울한 일이 있으면 이 북을 쳐서 임금에게 알렸다. 그러나 북을 함부로 치면 매우 큰 벌을 받았다. 서울 부근에 사는 백성들만 현실적으로 이용이 가능했다. 이러한 이유로 거의

벌써 창틈에 와 있는데
우리 땅 봄은 언제 올라카노
아-들은 철없이 놀고
어른들은 헛방맹이질만 하노

만날 삽작 닫아 걸어놓고
말싸움질만 하다
봄을 그냥 보낼낀가
맘 아담아 준다면서
말만 아부시는 사람들아
반세기 넘도록 목이 탄다안교

朝刊紙에 따따한 봄소식 좀 보내소

싸움질 고만들하고요
어정데다 새벽 날 새겠네요
만날 맘은 모실 보내놓고
살림살이는 모른다카노

나랏돈 축 내면서
이적지 설레바리만 칠끼요
어찌 좀 해보소
살림살이는 쪼라들고
오곰제이는 오그라드니
아이구 춥우레이

서로 못잡아 묵어 어렁데지 말고요
인자 쪼매 따따하게 해주 보이소

이 유행가가 되는 세태의 타락상을 시인은 거침없이 표현하고 있다. 이와 같은 현상은 그동안 비판의 중심에 서 있던 젊은이들의 전유물 같았던 비판의 칼날이 젊은이들을 향한 노년의 펜으로 폭격하는 과단성까지 보여준 통쾌한 반론이다.

> 지혜롭게 사는 법을 배워라 한다
> 훈장이나 공로패 바라지마라 한다
> 상을 달라 구걸하지마라 한다
> 詩碑는 사후에 돌려라 한다
>
> 살아 숨 쉬는 동안
> 졸시나마 활자의 대열에 옮겨짐에
> 만족하다 가라 한다
> 소리죽여 조용히 낙엽처럼
> 민초처럼 살다 가라 한다
>
> 늙은이의 보상은 퇴박만 돌아오고
> 젊은 사람들 거친 행위는
> 박력의 기상이며
> 듣기 흉한 욕설은
> 유행가 노래더냐!
> ─「아름답게 늙는 법 2」 전문

두둥 두둥 덩덩
계절의 봄은

신, 밝고 따뜻한 마음과 아름다운 영혼으로 행복한 삶을 가꾸어 개인의 안녕과 행복증진 및 건강한 가정과 사회를 지향하는 것이다.

「아름답게 늙는 법 1」은 위트와 비판을 통해 늙어가는 것에 대하여 작은 도리를 지켜가는 지혜의 삶을 보여준다. 지키고 하지마라는 요구가 많아지는 것에 대한 비판이다. 칭찬의 말도 넘치지 않게 아끼고 잔소리로 들리지 않게 소곤소곤 말하고 입은 다물되 지갑은 열라는 신유행의 노년으로 살아가는 담론에 대한 비판을 그는 동양적인 것인지 서양적인 철학인지를 모르는 혼합적인 노인규제에 대한 반론을 은근하게 묘사하고 있다. 결론은 기독교적인 십계명의 가르침으로 수용하는 세계관을 보여주고 있다. 이러한 늙어감의 비애는 「아름답게 늙는 법 2」에서 더 구체적으로 제시되고 있다.

훈장이나 공로패, 문학상 등을 받기 위하여 읍소하는 세태를 비판하고 살아생전에 시비詩碑를 세우는 병폐를 신랄하게 비판하고 있다. 최근에 많아진 문학상에 대한 우려는 우리들의 반성을 이끌어내고 자신에게 몫이 돌아오지 않는다고 마구잡이식의 마녀비판을 가하는 세태를 보면서 이러한 시까지 나오게 된 것이다. 젊은 사람들의 거친 행위가 박력으로 포장되는 정의롭지 않은 일들을 목격하면서 조용히 낙엽처럼 살다가라 한다는 노년의 지혜를 형상화시킨 세태풍자의 일면을 보여준다. 걸핏하면 들리는 마구잡이식 욕설

랑과 정을 시의 언어를 통해 교류할 수 있게 하는 일은 아름다운 일이다. 살아가는 의미를 미처 못 느낀 사람일지라도 어떤 사람이 자기를 그리워하고 사랑해준다는 사실을 깨닫게 될 때 삶의 의미가 더욱 크게 느껴지리라.

> 잘 늙는 법 배워가며
> 보기 좋게 늙어라 한다
> 늙기도 힘겨운데
> 지켜라, 하지마라 왜 그리 많은지
> 넘을 고개 굽이굽이 태산 같아
> 칭찬의 말도 아껴라
> 잔소리 될라 소곤소곤하라
> 입을 다물어라, 주머니는 열어라
> 동양철학인지! 서양철학인지!
> 가는 곳마다 유행가처럼 부른다
>
> 어버이 젖은 손 길러 내심은
> 옛사람의 부모이야기 되고
> 오늘에 맞춰 사는 법
> 서로 큰 것 아닌 작은 도리 지켜
> 살아가는 법
> 예의 가르침은 십계명 안에서
>
> — 「아름답게 늙는 법 1」 전문

시를 왜 쓰는가. 관계를 맺고 치료하는 사랑의 시, 존경과 감사를 보여주는 시, 사랑과 좋아함의 진솔한 시, 고독과 아픔의 절절한 시는 표현예술의 치유 방법을 통해 건강한 정

심오한 진리가 아니더라도 영혼을 길 잡아주며 숙소로서의 안식처임을 말하고 있다.

시에는 '위로와 치유'의 기능이 있다. 그래서 시를 읽는 것이다. 시의 언어를 통하여 인간은 자신의 존재를 확인하며 언어로써 이웃과 대화하고 소통한다. 우리는 시를 읽거나 쓰면서 깊은 정서적 체험을 할 수 있고, 자신을 들여다볼 수 있는 기회를 가지며, 그 세계를 표현할 수 있는 기회를 갖게 된다. 한 세월 지난 시간의 축을 돌아보며 젊은 시절의 이상은 덧없고, 살기 위해 적당히 삶과 세상에 타협하며 못 볼 것도 보고 울어야 할 때도 웃어야 하는 기막힌 일도 당하면서 인생이 발효의 단계에 드는 숙성시기에 시를 통해 위안을 얻는 것이다. 그들에겐 시가 숨구멍의 역할을 하고 더러운 분진으로부터 얼룩을 깨끗이 씻어내는 정화의 역할을 하는 것이리라. 때문에 정순남 시인의 시론은 시치료의 핵심을 간파하고 있는 것이다.

오늘날 우리 사회는 인간적 유대가 전적으로 배제된 채 이해타산만으로 상거래가 이루어지고 있다. 이용가치가 없는 사람은 소외와 괄시의 비애를, 이용가치가 많은 사람은 이용당한 후의 배신을 감수할 수밖에 없는 사회풍토로 치닫고 있다. 물질이 중시되어 사람 사이의 인정은 점차 메말라가고 소외되고 고통 받는 상황에서 우울증에 시달리는 사람들이 많아지고 자살이 늘어나고 있다. 이때 사람 사이의 사

위안의 보루로 안아 주며
자신 없는 내게
써보라, 토로하라 한다
스승의 채찍질이 어버이 되고
신앙의 기도되고
벗이 되어 놀아 주기도 한다
유명한 진리가 아니라도
심오한 진리가 아니라도
마르지 않는 푸른 숲의 수원으로
시는 영원히 영혼을 길 잡아 주며
거처가 되어 준다
- 「詩로 하여」 전문

공자는 『논어』에서 "시 300편을 읽으면 생각에 거짓이 없다"고 하였다. 그것은 시가 한 점의 사특함이 없고 투명하고 순수한 진실을 가졌다고 믿기 때문이다. 특히 양화편에서는 시는 정서를 일으키며 얻고 잃는 것을 볼 수 있으며 무리와 사귀게 하고 원망하되 노하지 않으며 금수초목의 이름을 많이 알게 한다고 하여 제자들에게 시를 배우라고 권하면서 시를 배워 얻을 수 있는 이익에 관하여 지적하고 있다. 정순남 시인의 시론적인 시 「詩로 하여」는 이와 같은 시의 이로움과 힘에 대한 에너지를 표현하고 있다.

시는 힘이며 위안의 보루요 어버이며 신앙의 기도, 스승의 채찍질이며 벗이라고 노래하고 있다. 때문에 '써보라 토로하라'는 시치료의 방법론을 직설적으로 내포하고 있다.

그의 시는 인생론적인 성찰을 직설적인 잠언으로 표현하고 있다. 은유와 상징 그리고 압축의 단단한 알곡이 차 있는 시의 기교적인 면을 지향하고 시원하게 직접적으로 토로하는 직언의 기법으로 다양한 표현기법을 외면하고 있다. 한 세월 살다보면 보고 들리는 모든 것이 더욱 분명하게 와 닿고 그러한 세밀한 내용들이 여과 없이 표현될 때 진솔한 감동을 얻게 되는 것이다.

정순남 시인은 1994년 『한글문학』으로 등단하여 그동안 『가을산은 만산』(1994), 『영혼에 흐르는 하얀빛』(1995), 『내 심에 흐르는 미세함』(2001), 『가을걷이』(2005)를 발간하였다. 그의 다섯 번째 시집 『전공』에는 시는 무엇인가, 아름답게 늙는 법, 질펀한 경상도 사투리의 시법과 세태비판, 부산 정신과 자식사랑에 대한 성찰이 표현되고 있다.

「詩로 하여」에서 그는 시론의 일단을 보여주고 있다. 시는 기쁨과 슬픔을 안아주는 숙소로서의 역할임을 분명히 하고 있다. 조병화 시인의 시의 숙소를 정순남 시인의 시의 숙소에서 만난다.

>나에게 시는 삶이며 정신적 지주이다
>기쁨과 슬픔을 안아 주는 숙소이다
>병약해서 늘 약을 안고 살아온 내게
>모든 사건들과 공생 공존하게 했음이
>정신의 지주되어 시를 쓰게 했다
>때로는 힘이 되고

■ 정순남 시집 「전공」 해설

꼿꼿하게 그리고 아름답게

정 영 자
(문학평론가. 전국문학인 꽃축제 운영위원장. 부산여성문학인회 명예이사장)

정순남 시인을 만나면 긴장된다. 어떤 이야기가 툭 쏟아질지 모르기 때문이다. 기본은 갖추되 앞뒤 재가며 처신하는 모습은 보통의 내공이 아니다. 맨입의 헛치사를 하거나 행사에 임하여 돋보이는 자리를 차지하기 위하여 남의 눈을 의식하며 자신의 자리를 억지로 만드는 사람도 아니다. 어쩌면 그것이 그의 진정성이자 구속 없는 자유인의 삶을 영위하고 후배들의 인기를 한 몸에 받는 비법이기도 하다.

필자는 긴 시간 동안 그와 함께 부산여성문학인회 활동을 하면서 몸과 마음을 다하는 그의 성심을 자주 보고 느끼었다. 기교 없이 담담하게 자신의 위치와 무게를 안고 가는 의연함은 맑고 당당하였다. 때문에 그의 위치는 확고하고 큰 어른으로서 자리매김할 수 있었다.

■ 정순남 시집「전공」해설

꼿꼿하게 그리고 아름답게

정 영 자 (문학평론가)

삼종 시간

영원을 향해 귀 열어
고요 속에 서 섰을 때
거듭 거듭 새롭게
내리시는 말씀
고요가 소란을 덮고
다른 모든 것
하나 되게 하셔라

비바람 속에 젖어 들리는 님의 기도 소리
이곳 서대전당 메워날 때
새벽 닭 홰치는 어머님의 기도는
십자가 아래 아드님의 사랑입니다

오, 천상 어머니 마리아여!

보소서!
여기 주님의 길 가시는 한 아들
어머님 기워 깊은 매괴의 길 이어
따스한 당신 품에 안아 함께 하소서

신부님! 님의 발자국 패여 가시는 곳
허기진 양들 따르오리다
아쉬움에 붙드는 손 잡아 가소서

신부님의 길 위
― 엄상일 비오님 사제서품에 부쳐

오, 영원한 멜기세덱 사제여!
가시는 길 절대절명 영원에 이어
좁은 길 곧은 길 한없는 길이외다

뉘 쉬 가리요 따르오리요
가시는 길 힘겨울 때
낮의 해처럼 밤의 달 흐르듯
그렇게 가옵소서

당신 손에 주어진 주님의 깃발
철퇴의 무기 복음에 칼 들렸음은
전쟁터 나아가는 용사의 깃발
아무도 앗아갈 수도 막을 수 없으오리

오직 당신 살라 바친 비밀의 순간들
수초에 꽂힌 눈물에 흘러내린 기도
돌탑 쌓아 올린 산제사 드렸음이오

겨울 산정에
　　- 살티 순교지에서

청솔가지 끝 삭풍 불어
마른 덤불 타네
부활에 거듭나는 임의 숨결
하늘 끝 목마름이여
골고다의 빛 소리인가
겨울 산정에 지우는 임의 그림자
문설주에 빗장 삭여
오랜 날 뿌려진 피의 소리외다
밟아 가신 길
고운길 가시밭길
살고자 아니하심에
임 향한 향심이어라
가지마다 흔들리는 찬미
말씀의 울림
나 죄인임을 알 때
그 소리 듣습니다

성심에 담은 오월
― 헌시

우주 속에 잠잠히 침묵하시는 성모 마리아!
어머님의 소박함에 저희 삶
당신의 향기로 가득 채우시어
기대함보다 어떤 일을 할까 소망 갖게 하소서
기적을 바람보다 보이지 않는 믿을 수 있는 희망
일상에 어머님의 향기 맡으며 믿음 자라나게 하소서
평범한 것들에 묻혀 있는 보물 찾아
바람결에 성심의 향기 맡으며
주님의 인장처럼 사랑 받는 저희들
우주 안에 한 알의 먼지임을 고백하게 하소서
저희 소망 기쁨 고통 기억하시는 어머니
이 모든 것 알고 계시기에 환희의 빛으로
초라한 작은 풀꽃 같은 존재일지라도
지켜 키워주시는 어머니의 사랑 그리워
아이처럼 때로는 홀로 있기 두려워합니다
누군가의 친구 되어 줄 수 있는 마음
손잡아 주게 하소서

회개 2

지혜는 하늘 닮아 둥글어
둥글둥글 나누어 가지라신다
하늘이 내리신 귀한 선물이라
"하늘 곳간에는 새 것도 헌 것도 꺼내어"
묵은 살 도려 새살 돋게 하시려는
주님의 선한 선물
네 것인 양 가벼이도
함부로 자랑도 마라
지키는 청지기 되라
황금의 노예 되지 말며
사랑의 노예 되라신다

조선시대 남명 선생의 말씀
지혜는 선구자적이라
경의 두 글 요약함을
자신을 내어주어 경이롭게 쓰라 하심
선비 정신을 일깨우심이라 하셨다

회개 1

성경 신구약이 지혜이시라 말씀하신다
수련하는 사도께 맡긴 사명이며
회개의 삶이라 일러 늘 깨어 있으라신다

영혼을 도둑맞은 자들
이 시대 솔로몬 지휘봉을 제 것인 양 남용하여
황금의 노예된 자
인격을 돈으로 사고팔고 묶인 족쇄의 굴레
상처 난 흠집

귀로만 들은 일들

이 세상 모든 일
이유 없지 아니함
걸음에 차인 돌부리
시련의 용광로에 달구어
재 넘어 고갯길
채찍의 아픔
귀로만 들은 일
눈으로 보이셨더이다

슬픔도 고통의 늪에서 일으켜
아낌없이 부으신 십자가 사랑
내 삶의 길
가야할 날에 맡기신 일들
걸어라 따르라하심
귀로만 들은 소리
눈으로 뵈었더이다

자화상

바래진 수첩에 얼룩
지금 서 있는 내 여로

발 앞에 흘러온 세월 속절없이
살아있는 생생함이요

이젠 책임져야 할 내 그림자
유한한 시간의 구속됨
꿈속에 흘러

어렵사리 풍화에 스쳐 지나
황혼에 내린 장막에서

내 안의 소리

고요한 시간에
내 안의 소리 듣습니다

안갯속 같은 어둠에
하늘빛 문 열어
소리가 거기서 들립니다

눈 떠 마주하니
안개빛 걷어
내 안의 소리 듣습니다

부활
– 막달라 마리아의 노래

어둠 속에
돌문 밀어낸 자리
빈 무덤가에 서성이는 너
누구를 위해 무엇을 찾느냐

여자야 빈 무덤 자리
붉은 장미 한 송이
심어 보렴
향유의 향기 피울 거야

행선

어디엔가 가다 보면
끝이 있을듯한 데
가도 가도 평행선은
끝이 없어라
임이 계신 그곳
내 구원 희망이어라

하늘이 내게

내게 주신 것 하늘이 내리신
어느 작은 미세함도 그 어느 것도
버릴 것 없더이다

가난함도 슬픔도 아픔도
죽음이 오기까지 소중히 누리며 쓰리라
내게 창조하심과 허락하심
지략과 감성 생각하는 어느 것도
귀히 여기지 않을쏜가

남에게 하찮은 것 내게는 금, 은 보다 귀한 것
사람이 탓하지 말지니
늙은이에게는 깊은 삶 인고의 가르침
내 소유 그 모든 것 하늘이 정하신 것
수명 다하는 날 감사의 제단에 받쳐 올리리다
받은 모든 것
하느님의 은혜 돌려 드리리다

하루를 시작하며

이른 아침 동이 트면
촛대에 불을 댕깁니다
까떼나의 노랫소리에
성모님은 환희의 빛으로 오십니다

내 영혼 주님을 향해 찬송하라시며
선한 눈매 날 굽어보셔요
자비를 거두지 않으시마 약속하시는 성모님
나의 어머니!
나의 모후시여!

저희 가정 당신이 씨 뿌린 포도밭
알알이 영글어 탐스러운
알곡 되게 하소서
봉헌의 제단이게 하소서

제 7 부
두 손을 모으다

보길도
– 고산 윤선도의 흔적 찾아

안식과 사색에 잠긴 섬
여기에 생명의 소리 들누나
산도 물도 유유하여 와 보니 낙원이더라
산천이 수려하여 화폭의 그림이네

天地人 신선의 땅 격자봉 흐르는 물 모아
연지에 연화 따서 청산의 시름 타 마실 제
임 향한 일편단심 북쪽 하늘 삼배 드렸더이다

새 연지에 배 띄워 시름 달랜 어부사시
망향의 그리움 노래하네
바위틈 안산 서실 끈 달아
책 벗 삼은 야독의 밤
골마다 배여 있는 임의 넋
푸르러 산을 메우나니
임의 흔적 구름 속에 노니더라
동천서실 용두에 임의 혼배여

그는 대한의 잔 다르크!

오늘 수원성 문화유산
지켜 앉은 청지기
투쟁에 굴하지 아니한
화폭의 자화상
거리의 고혼이 되었어도
숭고함의 푸른 빛이여

너를 할퀸 세상
보살핌 인연 하나 없다 해도
오늘 역사가
너를 기워 갚아 주누나
침묵의 소리 잠잠히
대한의 딸
강한 모성의 힘이요

나혜석 거리

정조대왕 이룩한
수원 화성의 나혜석 거리
다소곳 무명 치마저고리
입어 앉은 여인
다문 입술 의지에
강한 눈빛 나혜석을 만난다

오늘 그가 말한다

발에 맞지 않은
고무신 벗어 던져
새길 주름 놓아
대서양 건너 갔노라고
탈선 아닌 혁명이었다고
해방은 해방 아닌
국운의 소용돌이
불의에 타협치 아니한
불굴의 투쟁이었다

정치인이기 전 실학의 뜻 거두시려
온갖 벼슬 물러나 큰 뜻 다 하신 날
하늘에 강복 내리어
눈 감으실 때
목화솜이 함박눈으로 펑펑 내렸다 하더이다
오늘 임의 무덤 삼우당에 목화향 가득
백성들 삶의 둘레 훈훈히 감았나이다

옛날 울어머니 북채 저어 베 짜실 때
베틀가의 구슬픈 소리 달무리 지웠나니
귀뚜리 소리 합한 밤
창호지 문살에 비친 당신 그림자

목면공木棉公 문익점

1.
옛날 그 옛날에
산천군 단성면 작은 산골
큰 별 하나 탄생하였으니
나라에 홍복 내렸더라
조상의 은덕에 후손이 잘 산다는 말
뜻을 펴고 나누어 살아가는 가르침이다
백성을 위함은 어버이 마음이요
충성은 나라가 부강함이요
사신의 길 돌아오실 때
붓두껍에 목화씨 한 점 넣어 오셨음에

씨 뿌려 꽃피운 크신 뜻
귀하고 귀하시어 고마운 마음
옷고름 매고 풀음에 과분하외다

2.
정약용 선생의 목민심서라면
문익점 선생은 면공실학이라

2.
괴시리 마을 비석 고이 새겨 곧게 앉은 목은 이색 선생
인품도 인자하여 잔잔한 미소로 객을 맞는다
괴시리 향교 마을은 영양 남씨 집성촌
석돌에 새겨 삼백 년 역사 안에
3·1절 만세의 거세지 충절의 혼 살아
동해를 지켜선 등대지기요
향교의 골목마다 남씨 고택의 역사이야기가
소곤소곤 새어나 평화롭네
아하! 내 친정 부친의 외조모님 성씨가 영양 남씨라
아버지는 오라버니와 시제를 드리러 가시더라
족보는 한 가문의 얼이며 나라의 바탕이요
요즘 사람들 족보가 밥 먹여주나 하는 소리
뼈 없는 자손이 없고, 나라 없는 백성 없으니
이 몸은 동래 정씨 찬판공파 15대손이요
괴시리 향교 마을 뿌리
나라에 충성함이 가문의 영광임을 알게 하신다

삼태기 짊어지고

1.
동해 따라 나선 하룻길
청송 태백산맥 칠보산 이어
영덕 젖줄 따라 별자리 영롱한 블루로드
쪽빛 눈부심이 아연하더라
우리들 빛 질세라
늦가을 빛의 발산 거대한 보석빛
머리로부터 흘러 동해로 어울려 눈부심이요
짊어지고 온 삼태기 연다
시를 캐 역사에 담기 위해 영덕 어귀에 들어서니
대게 냄새 코끝을 자극하여 꿀꺽꿀꺽 목젖을 친다
영덕읍과 면이 군으로 승진
영해군이 영덕군에 통합되고
영덕면이 읍으로 승격하여
1읍 8면이 되어 오늘에 이르고 있다
군화는 복사꽃, 군목은 해송과 금솔
군조는 갈매기, 군어는 황금은어
슬로건 걸어 객을 부른다

백의의 혼 2
– 백범 김구 선생 일지

권력의 총탄 임의 가슴 뚫은 날에
임의 손 붓을 들으셨고
입으신 하얀 두루막에
성혈 흘러 적셨으니
하늘이 노하고 진동하여
삼천리 골마다 삼천만의 가슴마다
임의 이름 불러 하늘에 닿아
목자 잃은 양들의 곡소리였습니다

국치 백 년 세월 지난날에
팔 월 하늘 태극기 올려
임을 기립니다
조국의 역사 앞에 한 점
부끄러움 없는 그대
백의의 혼이여
오, 하얀 무궁화여
무궁토록 피고 피소서

백의의 혼 1
– 백범 김구 선생 일지

오순백의 빛 백의의 혼이여
임의 생애는 모진 바람이었습니다
피할 길 없는 운명의 복이라 여겨
역마에 실은 몸 만주벌판 모퉁이마다
풍상에 삭풍 닥친 날들
빗발치는 총탄 막아낸 민족의 애환
강점기 외세의 굴레 벗으려
조국해방 위해 애마는 달려 울었습니다
돌아온 조국땅 해방은 해방 아닌
권력과 투쟁 총부리 겨누어
남북은 미·소가 찢어 성벽 막아
철조망에 감겨 버리고
돌아온 역마는 다시 달려야 했습니다
남북을 오가며 하나 되자 외쳤건만
백두 비로봉에 눈물 뿌려 소리쳤건만
조국은 피눈물도 말라 맞잡을 수 없는 손 되어
육십 년 세월에 갇혀 버렸다

사랑의 애가哀歌
　- 매창 묘에서

나 매창 보다 다를 바 없어라
풍류에 미쳐 산천을 돌아도니
나 이 시대 매창이 아니더냐
끼를 풀어 혼을 태워 내 잔에
나를 살라 마시니
어허라 둥둥 살 풀어 놓고
사랑을 애타게 부르다 간 사람
매창은 촌은님 그려 사무침을
짧은 날에 봄 꽃비에
떨어진 아쉬움이라 했나

추풍낙엽에 저버린 슬픈 사랑
비단 치마 찢어 피흘려
가무歌舞에 현을 그린
치마폭에 새긴 지샌 밤이었더라
보시어요
촌은님 넋의 연가가
가을비 적십니다

청아재에서

부산 사람들

소금기 툭, 툭 흘리는 갯내음에
떠들썩하고 무뚝뚝한 말씨지만
소박하고 정에 여리고
거센 파도만치나 억센 생명들
퍼덕이는 빛깔
밧줄 닳은 팔의 힘살에
후덕한 마음씨
네 것 내 것 챙기지 않아도
구별함 분명치 않아
마음 편하다 하고
좋은기 좋다 안하요
남정네 만선 실어 비린내 선창을 덮으니
아지매들 가난도 힘겨움도 좋아라 춤추네요
부산 사람들
오늘도 바다에서 삶을 건져내
자갈치는 왁자지껄 새벽잠을 깨운다

제6부

사람이 좋다

가을비에 젖으며

때늦은 가을비가 가랑가랑
계절을 재촉한다
계절은 젖어 흐르는데
나의 계절은 세월의 망각에
붉은 옷을 입는다

女心을 홍엽에 묻으며
차는 목적지를 향해 가고
운문韻文을 수채화에 그리며
문우들의 돌아가는 인사말로
눅눅함을 말린다

吾魚寺의 절사는
운무의 아름다움에 쌓여
바위 틈새 숨은 숲의 요새
신비의 경이로움
사찰에 밴 四聖

가을 山門에서

계절 어귀에
벗어선 나무는
순라군의 몸짓되어
가지손 흔든다

무한히 영원 향하여 손짓하며
묵상의 화두에 고운 빛으로
먼 길에 바람 몰아 오가며
산문散文에 지는
마지막 염원의 기도

홍엽에 태우는 잎 지는 소리에
계절은 깊어지는데
마음은 山門에
머물러 서려 하네

나일강은 흘러

문명 실어 水門 열어
강물이어 살아온 인류의 역사

사하라의 거대한 언덕
神의 이름으로 인류를 낳은 곳

스핑크스의 육중한 피라밋
모세의 겨름

천지간 장막 갈라
海天으로 이어가고
몇 만 년 역사 강폭 저어
모래덤에 뜨거운 숨막힘 실어
神의 시대
이어 강가에서
우리들의 이야기
연민의 정 부른다

여름 이야기

땡볕이 등적삼 겨드랑 적시고
삶의 투쟁 불가마속 지글지글
피할 수 없는 고됨
술잔 기울여 마시며
텁텁한 혈맥 식혀
해거름 지운다

목물 감아 땀 씻어
두레 밥상 차려
쌈밥 한입에 행복해하던
도란도란 건네던
정다운 이야기는
옛날 밥상 상호 붙여
거리에 나서고
행복은 작은 마당
소박한 마음
나무 한 그루 심는 것

봄 화전놀이

춘삼월 개화가
산천에 물드네

진달래 고운 빛에
참꽃 빛 봄처녀
삽작 열어 단장하고
따바리 옹기 받쳐
이고 오는 아낙들

치맛자락에
아지랑이 피어나고
꽃잎 구워낸
화전의 구수한 맛에

우리네 살림살이 정들여
마음에 고운 빛 물들여
봄이 피네
꽃이 피네

살림살이는 모른다카노

나랏돈 축 내면서
이적지 설레바리만 칠끼요
어찌 좀 해보소
살림살이는 쪼라들고
오곰제이는 오그라드니
아이구 춥우레이

서로 못잡아 묵어 어렁데지 말고요
인자 쪼매 따따하게 해주 보이소

두둥 두둥 덩덩
새봄에 신문고야 울어보레이

새봄의 신문고

두둥 두둥 덩덩
계절의 봄은
벌써 창틈에 와 있는데
우리 땅 봄은 언제 올라카노
아-들은 철없이 놀고
어른들은 헛방맹이질만 하노

만날 삽작 닫아 걸어놓고
말싸움질만 하다
봄을 그냥 보낼낀가
맘 아담아 준다면서
말만 아부시는 사람들아
반세기 넘도록 목이 탄다안교

朝刊紙에 따따한 봄소식 좀 보내소

싸움질 고만들하고요
어정데다 새벽 날 새겠네요
만날 맘은 모실 보내놓고

이른 봄날

  만년설 녹지 않은 언 땅 사람들은 봄을 맞으려 서두다 꽃이 피어야 봄이 오는데 고택 울안에 해묵은 동백은 입술 꼭 다물고 이른 봄을 달고 있을 뿐인데 움트지 않는 봄을 찾아 서두는 사람들 봄처녀는 꽃 따러 가는지 사랑 따러 가는지 내 해묵은 마음도 함께 가고 있네 들로 산으로 꽃 보러 가는 마음들 꽃과 함께 눈뜨며 사는 고운 마음씨 내 곁에 꽃이 없다면 절벽 속에 어둠이랴 꽃 보러 가는 마음에 봄이 오고 꽃가지에 달 뜨면 봄이 온다네

제2의 고향
- 스토리텔링

　부산광역시 동구 범일동 구 교통부 여기가 제2의 고향 고향을 지척에 두고 마음이 천 리나 멀었더라 내 어린 날 일제강점기 공습 피해 숨어들었던 방공호가 '용꿈' 간판 달아 식객을 부른다 기다란 방공호는 초롱 밝혀 낙수 소리 추억을 두드리며 옛 객을 맞아 세월에 안부 묻는다 지난날 암울했던 이야기 밥상에 올라 진수성찬 된다 방공호에 앉으셨던 어르신의 예시 8월 15일 정오 나라의 해방 날이라고 한 점도 어긋남이 아니한 그날의 감격 독립만만세 역사의 소리가 동굴을 메웁니다 오늘 방공호가 식객을 부른다 용꿈꾸며

星月動 秋山

별, 달이 움직이니
가을산이 물든다
따라 가을이 움직이니
내 마음 가을 산이 되고
벽창에 달빛 흐르니
귀뚜라미 소리 울어
긴 밤이 짧기만 하더라

제 5 부
시간을 느끼다

지리산

지리산아
뉘 너를 두고 산맥이라
말마라 했더냐
피에 저린 아픔
가혹한 바람 몰아쳤음을
너를 죽음의 골이라 하여
곡소리 칭칭 감아
별이 상념에 눈물 지세운 밤

지리산아, 살아 있음을 소리쳐 봐
네 실체 반세기
섬진강 긴 눈빛 지켰노라고
이제야 너를 두고 말하랴
아픈 날에 꽃이 되어
자유의 성 지킨 의연함을
거룩한 산아 너를 산맥이라
이름하노니

산이 높아 높아
- 오대령 기슭

  만물산 뾰족함이 하늘 찌른다 평화의 공정 가르침인가 세상사 시끄러움 향해 오랜 날 바람 막아선 바위 전나무 숲 그늘 아래 마음 풀어 쉼을 쉬니 숲 그늘 사이 하늘이 더 푸르러 간간이 동해 바람 천지 조명에 무한함을 깨워 내 것 하나 없다는 것 아랴 전나무 뿌리 깊은 잠언에 높고 우뚝함 아래 낮은 산이 나 임을 아나니 낮게 더 낮아라 이른다 계곡을 깨는 저 물소리 부서져라 더 부서져라 소리친다 한 치 못되는 작은 몸 대자연의 쉼에 먼지 되어 삭아져 버릴 것을 내 것 하나없네 저 웅장함도 미세함도

매물도

은빛 가득 눈부셔라
제 밑동 수심에 심어 섬이 되었나
草野가 바위 업어 섬이 되었나
가지 끝 꽃술에 영글은 이야기
恨 품은 동백꽃 멍든 가슴
빨간 꽃빛이네
가지새 깃털 후드득 날개 치며
새들의 고운 노래
오르막 숨참을 반기누나
섬에도 세상일 겪었더라
외세의 발 내음 동족의 핏자국
낡은 폐교 문 잠가 걸었네
아이들 소리 재 넘어가고
섬을 떠날 수 없는 사람
토담집에 문패 달아
국화향기 따스이 끓여
인정 나누고 있더라

들어보오!
우리들의 노래 정분 남아
하늘가에 푸르오

주지스님 혜안에 수련된 모습
부처님 미소 닮아 성불이오
나그네 붙들어 공양 권하시니
마음 성불함이 아니시던가

시장기 채웠으니 눈 아래 사바가 펼쳐
북한강 남한강 마주 만나 흘러가고
황순원님 소설 속 소나기에
처녀 총각 정분난 이야기 강을 건너 만난다

천지가 운무에 덮여 산봉우리 휘감아
김정희 추사님 그려내신
산수화 화폭 펼쳐짐이더라

수종사 水鐘寺 의 시선 2

뜰 한 켠에는 삼정현 현판 눈길 끌어
단아하게 마련된 칠인석 찻상 차려
방안 교교함이 흘러 쉼을 쓸어내린다

이 자리 옛 선비님들
오가신 체취 남아
사모하는 임이 오심인듯하여라

초의 선사, 다산, 추사님
새작차 음미하여 나누어
정담 들리는 귓소리
시국평찬 시어 풀었어라

오늘 여류들의 여흥 합하시려
혹여 임이 오심인가 설레는 심사요
찻잔 떨려 그림자 일렁이어
천장 올려 본다

경내 석간수 흐르는 소리 청청하여
세상 때 씻어 맑게 되라시네

대웅전 옆자리
오층탑 아담한 데
육백년 역사의 바람 스쳐간 자리

고사에 고뇌 눈시울 적시옵고
뒷마당 은행나무 두 그루 마주 서
소곤소곤 가지 소리 전하는 말
오백 년을 지켰노라 일러주네

수종사 水鐘寺의 시선 1

雲吉山 높은 자리 수종사는
웅대하지 아니하고
순박함이 너무 작아서 신비함이라

전하는 말 들으며 올라보니
꼬불꼬불 산길 높아
숨이 턱밑 차올라라

사바에 더운 바람 닿을라
높은 곳에 자리하였나

절사의 단아함이
흰옷 입은 선비 닮음이요

돌길 비뚤비뚤 다듬지 아니하여
애써 오신 길
편히 쉬어라 하심이네

강점기 민족의 심장에
말뚝 박은 자들
조국의 정기 송두리째 빼앗은
잔인무도한 일본의
만행 어찌 잊으랴

다시 일어서는 일본
세상 곳곳 독도가
저희 땅이라 말뚝 박아 재현하는
저들의 무도한 행위 보라

"조선아 조심하자 일본이 일어난다"

해방 날에 아이들의 풍자놀이

대마도는 대한의 섬

세오녀의 물레가 돌다
스르렁 멈추어 섰다
연오랑의 낯질 피우던 담뱃갑이
오랜 세월에 한숨 지었구려
볼모로 잡혀온
신라인의 삶 베였더라

일본이 깔고 앉은 대마도
소무지 詩人이 말했더라

밤중에 지도를 펴서 둘러봐도
대마도도 세상도 돌고 돈다고
그렇다, 돌고 돌아봐도
대마도는 한반도더라

최익현 열사의 목을 베 제물로 바친
애국 보고의 바다
일본이 칠십 년 세월 도사렸다
발톱 세워 일어선다

비토섬 봄날에

가난한 사람 이야기가
갯벌 패인 발자국 남겨 자작입니다
박재삼 시인의 삶이 패여 있는 곳

오늘 천년의 봄바람 불어와
비토섬 토끼와 거북이 이야기 전하는데
노란 유채밭에 여류들 치맛자락
봄바람 춤추며 하루 같은 천년 아쉬워
연민의 노래 부른다

가신 임의 혼 불어와
시심에 넘쳐 나는 우리들의 우정
축배의 잔 드세
잔 맞추며 부어 마시며 정에 취해 보세
비토섬 새 천년의 이야기 속에
우리들의 발자국 패여
또 하나의 전설 남기려네

강화도 봄나들이

청정 기슭 고려산 고운 빛
아지랑이 걸음에 봄 잔치 마중 나와
개나리 진달래 개화가 만발한 데
고인들이 말하네
오랜 오랜 날에 온갖 풍상 겪어 섰노라고
평화 전망대 올라보니 북쪽 하늘 이마 닿아
지척이 천 리 되어 어찌하여 철조망은 쳤다던가
능선 흘러 고려산 오감도 가히 으뜸이네

강화도 섬사람들 다리 놓아 인심 불러
더벅머리 강화도령 닮은 총각무가 맛 좋다나
넉넉한 볼거리 먹거리 자랑에
파릇파릇 쑥 내음 향기 돋아난
강화도 푸른 들에
부산항도 댕기머리 동무들
흰머리 이고 나와
춘삼월 푸른 노래 부른다

남원의 테마
- 오월 단옷날에

천년 고도 춘향골에 절절히 묻은 절개
전설 같은 사랑이야기
뉘 한번 하고픈 사랑 피맺힌 정절이여
푸른 마음 청청하여라
오월이라 단옷날 환희의 꽃 빛에
짝지어 날아온 벌 나비떼
광한루 오작교 호수에
삼천 궁녀 혼하여 잉어떼
형형색색 꽃 빛 감아 놓고 있네
춘향 도령 아쉬운 사랑 그려
여울에 일렁이어 춤추며
임 마중 오신 길에 봄바람 불어와 살가운 사랑
오늘 춘향이 놀던 골에 흐르는 세월 노래 되어
외로이 빈 그네만 흔들어 앉았구려
월매의 억척소리 비로봉 산봉에 걸쳐
사바가 눈 아래 보이니
춘향이 그림자 바람차고 나르네

이효석 탄생 백년 날에

봉평 메밀꽃밭에
바람도 따스한 날
싸락 소금 뿌려 꽃 피었네
척박하여 시린 곳
붓을 갈아 씨 뿌린 선비의 땅
장터 산길 들길 따라온 객속들
메밀묵 곡주 잔 돌려돌려
절로절로 어깨춤 흥겹네

글방샌님들 붓 던져두고
장돌뱅이 허생원 조선달 임 만나
손에 손잡고 흥겨워라
작년에 왔던 각설이도 돌아왔네
임의 탄생 백 년 날에
창동리 땅 가난 몰아내니
장돌뱅이 글쟁이도 한마당 놀고
물레나 바퀴도 슬슬이
스르릉 돌아가네

아비규환의 역사 속으로
저승까지 따라갔나

양반네야 어찌 그리 가혹했소
죽음 앞에 못 놓을 것 없다마는
태어날 때 빈손
죽음도 빈손
비우고 가야할 세상이치
하늘의 순명
따라야할 저승길 아니더뇨

마지막 날,
흙에서 왔으니 흙으로 돌아가는 것
神이 정해주신 그 자리

고령의 순장 殉葬

충성심이 무덤까지 갔나
서럽던 한세상
죽어서도 풀지 못한 손
움켜쥔 어린 계집아이
못가겠다 앙탈이나 부려보지

할 일 남아 상정 따라
무덤까지 갔는고
네 몸 초토되어
다시 태어나도 받들겠노라

고령의 순장, 역사의 사건
골지천의 아픔
비밀 안고 사라진 저승길
살아생전 다 갚지 못함을
그 질긴 연 쇠사슬에 묶였구나

어찌 가혹한 종의 매듭
끊지 못했더냐

에덴공원 숲길

승학산 억새 빛
마주 손짓하여
에덴동산 고운 숲
향기 피우고
푸른 날의 오솔길이
여기가 저기던가 새길 놓아
풀 넝쿨 걷은 자리
앙증스레 노란꽃이 반겨주네

새 소리 청아하여 나비 춤추니
내 詩語 화답하고
낙동강 일몰 찬란히도
산허리 돌아돌아
사계절이 풍요하니
비원의 요람터
마음 쉬어
몸 풀어갈 곳 여기더라

청산별곡

문경새재 도공 이야기 들어본다
고모산성 부자父子의 이야기
깨달음의 길이 있더라

밭에 심은 사과나무 익어가고
화를 웃음으로 바꾸어 가는 삶
불효자라 말 못하는 심사
산촌에 엄마의 이야기가
해맑은 웃음 퍼지는 산자락 너머
해거름 지우며

주을산자락 도공의 연기가
붉은빛으로 타고 있네
그들의 삶에 물들어 익혀낸
결실의 삶이런가
가시밭 힘든 길이기에

섰노라 화답하고
세월이 하 수상하여
내 마음 가는 곳 나도 몰라
돌아보지 아노매라

역사는 유구히 흐르는데
안동 김 씨네 육십 년의
세도 바람 속에
고택은 과묵히 침묵하고 섰네

월령교에 올라

월령교 오르니
송강 정철님의 시조 한 편 떠오른다

'물 밑에 그림자지니'
다리 위에 중이 걸어간다
저 중아, 게 섰거라!

네 가는 곳 어디메뇨 물어보자
막대기 들어 흐르는 구름 가르켜
돌아보지 아노메라

'아마도 억울한 유배길에서
시국의 한탄을 읊어서리라'

내 시 지어 화답하니
월령교 밑 맑은 개울 소리는
낮달에 물어보라 하네
세월이 어디로 흘러가는지
높은 산은 그대로

광안대교 꽃불잔치

현란한 밤의 광안대교
값 치러 심혈에 울컥인다
불꽃 피우는 무희의 자락에
동백섬 꽃빛 감아
맞바람 불어
곡예의 아슬한 빛
바다는 덩달아
숨이 차 뒹군다

비늘 벗겨내는
수중의 칼춤 태우는
빛의 화음에
환호하는 군중의 소리
부산 사람들
잘살아 보자는 기원으로
살라 태우는
불의 제사 치루는 밤이다

제 4 부
길을 떠나다

바닷새야

바닷새야 오늘은
어디에 나르느냐

파도 업고 가는 네 길
하늘길 따라 바닷길 따라
나는 새야

해 뜨고 저무는
일상의 날들
대양을 헤쳐 나르는
나의 신기루야

슬퍼마라
바다의 큰 깃
바다품 포근히
모성에 안으리

막바지 해살이

하루해 내려
막바지하려는 순간

고조된 빛의 강렬함이
수면에 부서져 내린다

뜨거운 연인의 가슴으로
이별은 만남의 설렘

아쉬움을 남겨
막바지 해거름

내 뜰의 그림자는
짧아만 가고

을숙도 쥐불놀이

하늘가에 걸려있는 노을빛
선홍빛 태우는 용트림에
하늘 강이 넋을 태우누나

빛이 별이 되어
神의 연출에 춤추는 몸짓
분출된 장관의 함성

찬연히 타오르는 명멸함
시간 난간에 선 그림자들
망각의 언어 불살라
혼을 적신다

먼 훗날 저 자리 돌아와
시작과 끝없는 행간에
뉘 있어 하늘 그리려나

돌아오라 옛 강아

세월이 흘러간 옛 강가에
조개 잡아 놀던 손 작은 아이들
누이 소리 오라비 웃음 날아
물길 따라 흘러 긴 세월
뱃노래 후리소리 떠난 갯사람
작은 쪽배 한 척 없다 하여
옛 강이 슬픈 숨 토하네

어느 샛강에서 홀로 서걱이나
갈대의 그리운 네 노래
갯벌 그립다 돌아온 철새
새 둥지 털어 쪼아 섰네
물길 저어간 갯사람아
낙동강 긴 물길
허리 풀어 놓은 길
만선 실어 돌아오라
돌아오라 옛 강아

해 저문 바다

하루해 저문 스산한 바다
뉘 남긴 발자국인가

여백에 남은 흔적
켜켜이 잔주름 접어
밀려가는 파도

파도야 철썩이는 네 눈빛
가슴 설레는 그리움이네

신기루는 희미한 그림자일 뿐
상념에 드리운 날들

바람아!
파도야!
남은 회유의 시간들
언어마저 실어가려마

바다에 띄우는 연서

조가비 우짖는 푸른 바다
그리움 패여 있는 임의 노래
내 귓가 속삭이는 임의 목소리
일엽편주에 노 저어 실어가네

기폭에 희망 이어
삶에 주름살 접어 넘어온 파도길
내 마음 빈 배에 그리움 채우려네

포구에 안식하는 날
황혼 진홍의 연주곡 실어
향희響熙의 참회록에 띄우렵니다

석양 내리는 일몰에 흠뻑 젖어
우리 사랑의 술잔 들어요

바다는 푸른 카니발

푸른 바다가 파도를 탄다
바람결에 서로 몸 부벼
머플러 날려
하야니 웃음 피우며
하늘이 함께 나르네

희망이 수 놓인 건반 위
손짓하며 발맞추는
왈츠의 춤사위

푸른 빛에 마음 실어
저 먼 세상 향해
춤추는 무대 위

가자,
노 저어 춤추며

바다에 띄우는 편지

탈옥수 같은 파도의 계곡
용솟음치는 바다
길고 긴 터널 벗어
한줄기 생명의
피가 흐르는 곳

사랑의 노래
희망의 깃을 달아요

다하지 못한 계곡 벗어나
아름다운 무한의 샘가에
소중한 내일의 꿈을 위해
깨어 일어나
눈을 떠 영혼의 빛을 봐요
푸른 꿈의 바다에서

뿌리 깊은 나무

뿌리 깊은 나무는
흔들려 죽지 않는 것

물이 흘러가듯
시간이 흐르듯
비 오는 날
볕 날에도
그렇게 살아가며

이파리 가지가지 사이
바람 지나듯
그렇게 살아가며

더 높은 둘레 안에
하늘 뜻 받들어

한가위 달에게

 하늘 水盤하여 원을 그리네 천하만상 빛 밝혀 네 그림자 쓸어내린 세월 우리네 살림 굽이굽이 재 넘어 손끝 맛 빚은 초년의 이야기 달아 밝은 네 얼굴 뉘 반기지 않을까 보냐 그리움 찾는 길 빛 밝히거라 너로 하여 잃었던 언어 아로새긴다 어머니의 한가위 오곡 열매 고배高培 꿰여 초심의 하늘 향한 참된 제사 우리네 사는 법 효와 예의 가르침 천지간 변치 않을 법이랴 오랜 날 바래지 않는 물항라 치맛자락 어머니의 한가위 달가에 물들인 사무침이요 물레질에 풀은 精 벗 삼아 지새운 밤 대낮 같은 네게 빌었나 그늘진 곳 비추라고 골마다 풍년의 풍악 울려

연꽃

수반에 자리한
환희의 미소

네 몸 진흙탕 벗어나
하늘 우러러 피어 올렸나

인고의 질긴 인연 내려
고요히도 숨죽여 피워 섰네

세상 바람 휘청여도
천년 세월 피고 진 잠언에
왕비의 화관 받쳐 쓴
순백의 기도여라

꽃을 피움은

꽃을 피움은
내 마음 씨밭 되어
반겨줌이 있기 때문이오

벌 나비 날아와
꽃잎에 입맞춤은
내 마음 바람에 춤추는
기쁨이 있기 때문이오

고운 빛 아롱지움에
내 마음 홍엽에 물들이는
설렘이 있기 때문이오

따스한 차 한 잔

죽로차 향 김을 올리니
가을 햇살 창을 넘어와
여백에 걸린다

내 초당 찾은
햇살 손님 마주하니
한아閑雅가 가득하여라

여백에 걸린 글들이
벗이 되어 놀아주고
지리산 자락
천년의 향기 날아와
죽로향 타서 마시니
마음 따사롭고

가장 아름다운 것

지상에 아름다운 것 많아
파란 하늘 그어가는 흰구름
들에 핀 청아한 들꽃
밤하늘 총총한 별빛
가장 아름다운 것
엄마의 태반에서 익혀 나온
천진한 아가의 미소
꾸밈도 거짓없는 해맑음에
깔깔거리는 소리 바라보는
엄마의 사랑 가득한 눈매는
아름다운 것 중 아름다운 것
아가와 마주보며 사철 지지 않는
욕심없는 엄마의 마음

제 3부

자연을 벗하다

친구
  – 며느리와 딸에게

오늘 너, 나 된 것
너와 나
친구 됨이 아니겠나

오늘 내가 사는 것
친구 덕인가 보네

내 너만큼
큰 품이 아니어도
잎의 고운 빛
시들지 않은
뿌리 되고 향기 되어
손잡아 마주하였으니
봄을 노래하자꾸나

너와 나
세월이 친구였구려

향토 국시맛

 요즘 통 입맛이 없다 이 맛 저 맛 다 아니다 근사한 고급 레스토랑 그 맛도 아니다 옛날 구포 오일 장날 엄마 따라 콧물 훌쩍이며 먹던 장터 칼칼한 국시 맛 향토 마음씨 솜씨가 뭉게뭉게 그리움의 세월에 떠오른다 입맛 투정보다 그리움의 병이런가 잔칫상에서도 우대 받는 국시 어른 아이 박물점 아지매들 닭 팔고 염소 파는 사람 나무짐꾼도 격 없이 즐겨 먹는 국민음식 고명에 멸치 국물 부어 허기 채우면 빈익빈 부익부 공감대 아우러 세상살이 주고받으며 슬슬 풀어 맛도 담고 이야기 담아 정겨웠던 민초들의 풍경이 서정에 한 폭 민화더라 오늘 짬 내 그리움 실어 가볼란다 그날, 내 손 꼭 쥐며 엄마가 구시렁 구시렁 가르침이던가, 이야기던가 쉬엄쉬엄 시간 따라 생각 더듬어 들으며 맛 따라 길 따라 설렁설렁 장터 향토 국시집 찾아 가볼란다

사랑의 연가
- 아들에게

너와 나 넘어야 할 고개
헌 신발 맞추어 부르며 가는 길

절며절며 재너머
발부리 아파하며 함께 하는 길
남은 길 굽이굽이
너와 나 함께라면 어둠도 밝음이네

너는 나의 태양
나는 네 그림자
나 너를 위해
너 나를 위해 있으니
어허라 사랑아
내 사랑이여

고향 바다 통영 2

너를 내 고향이라 이름 하니
가히 자랑스럽구려

문무의 역사 속에 으뜸인 보고의 고장
예술인을 낳고 기르신 축복의 땅

이날 앞바다 지켜선
충무공의 함대 거북선을 보시라
만만년 흘러흘러 갈지라도
공의 애국애족 충절의 기상
죽음을 적에게 알리지마라 하신 뜻
통영 바다가 지켜가시리

오, 한려수도 수려함이여
네 물빛 어찌 저리도 곱다더냐

고향 바다 통영 1

갯내음도 향긋해라
황토밭 파릇한 풀 내음
엄마의 살 내음이네

바다는 청정하여
뽈락 도다리 서대 맛자랑
조개 잡아 삼태기 한 소쿠리

콧노래 절로절로
갯가 아낙들 춤추고
이 몸 탯줄 벗어
살 키워낸 고향바다

저 멀리 잔잔한 물결
엄마의 등 굽어 잊은 날이
세월 타고 오네

동무에게 띄우는 편지

청라언덕* 같은 동무야
그립고 보고 싶구나
사진 속의 고운 모습
삶의 세월 해는 저물어도
동무 생각 밤하늘에
초롱초롱 별빛이구나
그립다 동무야

누구는 세상 떠났다 하고
누구는 봐도 알지 못한다 하니
친구야, 꽃피던 봄날이 어제 같건만
동무야, 이 사진 속 미소가
세월 재워 아쉬움만 남았구나
내일이 끝날지라도
우리들 우정 영원하라 노래했건만
가는 세월 그 누가 막으리
그 누가 잡으리

* 청라 언덕 : 대구 남녀고등학교를 사이에 두고 있는 담벼락이다.

그리운 동무야

백년손님
- 사위에게

초롱 밝혀
봄 길에 오신 백년손님
새색시 손잡고 걸어오던 길
초립동 푸른 날에 참한 사람아
그 사랑 꽃술에 날았나
여운 남기고 간 네 사랑

백년손님아
네 푸른 빛 바랠라
청산도 쉬 변하고
오가는 날 한숨에 가거늘
네 이마에 흰서리 내릴라
나비야,
훨훨 청산으로 날아보렴

자식들

논두렁 밭두렁 같은 자식들

두렁두렁 주렁주렁 열린 열매

올망졸망 줄줄이 매달아
저쪽 가지 따
이쪽 가지 건네주고

두런두런 도란도란 의좋게
너랑나랑 나누어 주며

한소쿠리 가득
호박이 넝쿨째 주렁주렁
달렸으면 좋겠네

바래지 않은 어머니

어머니!
당신 자락 풀 내음
세월에 남아 아련하외다
어젯밤 꿈속에 뵌 모습
사뿐히 하얀 버선발
디뎌 서셨지요
그리운 정 사무침
유월 볕살 더울라
엄동설한 추울라 녹여주신 사랑
어머니의 살 내음이었어요
해 너머 수십 년
풀향기 푸르기만 하외다
삶의 길 잡아 주심에
하늘 우러러 불러보옵니다
어머니,
어머니

아버지의 유품

두고 가신 열두 폭 사군자에 서린 얼
당신 뵈옵듯 그리움입니다
아침을 깨우시던 큰 기침 소리
하루의 시작이었지요
진종일 묵필 갈아
옷소매에 묻은 당신의 체취
취기 어릴 제 읊조리던 싯귀는
애사의 아픔에 흔들림이었나요
당신 생애 바친 인술은
가난한 이의 등불이었습니다
병약한 여식 극진한 보살핌 받아
은유 속에 들려주신 말씀
삶의 가르침이더이다
당신을 스승이라 부릅니다
가슴 깊이 부르는 이름
아버지,
아버지

고향을 지척에 두고

원문 고개* 높지도 멀지도 않는데
긴 세월 너를 지나쳤네
물안개 속에 아득히
칠십여 년 고갯길 훌쩍 넘겨
네 본모습 어이 이리도 변했더냐
바람이 스쳐간 세월 탓이런가
옛이야기 속에 꿈속에
네가 있고 내가 있었건만
네 모습 갈잎 되고
내 모습 마른 잎 되어
서로가 모른다더냐
푸른 담쟁이 바람 몰아간 자리
옛사람 고인돌 되어
담벼랑 지고 앉았나
뉘 찾아올까 기다림에
푸른 날의 샘은 이끼 말라
아낙들의 목소리 세월에 묻혔네

* 원문 : 통영에 있는 작은 마을

제 2 부

잊지 못하다

몽당비

먼지 더미 이리저리
바람에 몰려와
도랑으로 이랑으로
쌓인 것 걷어치움은

허울만 큰 빗자루보다야
짧아 볼품없어도
구석진 개똥까지
쓱싹 잘 쓸어 담는
몽당비가 아니겠나

어둔 곳 목마른 사람들이
날 오라 부르며 손 잡잔다
사랑의 고리되어
내 하찮은 말 한 마디
詩가 되려네

허무

晩月 삭힌 해거름
산도 물도 태워
풀향기 마름에
청청靑靑에 실은 꿈
헉헉겁겁 꿈에 지웠구려

가슴 죄여 살다
등 넘어
환상만 바라다
허무만 쌓였더라

차라리 잊을래
잊으리라

형상

보이지 않은듯하나
보여지는 것
마음에 담으려는 것
보일듯하나 볼 수 없는 것
내 안에 가둬 두지 아니한 것

형상은 상념으로
손끝에 잡히려다
희미한 그림자일 뿐
눈 떠보니
저만치 가버렸더라

감춘 모든 것
소리 없어도 들리는 것

잡히지 않는 유토피아

그리움의 간이역

숨찬 세월 굽이굽이
산허리 돌아
상하행선 따라 오간
수많은 기적소리
기나긴 세월의 허리 돌아온
고즈넉한 간이역엔
그리움만 흘러가고
추억의 파노라마가 차창을 스친다

마지막 종착역 무거운 짐 푼
기관차의 긴 여정 백년 세월
선로를 따라 흘러가고
그리움의 간이역엔
나그네 길 밝히는 가로등
그림자만 홀로
추억의 봇짐 따라와
슬며시 곁에 앉는다

인생은 한 철

인생은 한 철
하루 길을 가는 과객이다

어떤 이는
돌아갈 길 재촉하는데
어떤 이는
쇠약한 몸 부여안고 목멘다

아직 걸을 힘이 남았노라고
입맛이 남아 사노라고
인생길 운명의 산허리
굽이굽이 돌고 도는 나그네

마지막 날에
한줌 흙 가슴 덮을 제
잘 살다 가노라고
큰절 올려 감사드리며 가야 하리

시간은 달려

삶의 시간은 달려간다
숨 가쁜 하루를 쉬지 않고
마쳐야 할 시간에도
물러설 줄 모르는 흐름으로
새벽부터 부지런히
쉴 줄 모르고
시간은 나를 돌아보지 않는다

인생은 조각품

인생이 조각품에
짜였음이다

조각가의 작품 안에
못생긴 조각 잘 생긴 조각
어느 하나 빼 버릴 수 없는 것들
얽혀 조화롭게 이루어져 산다

실패와 좌절 잊고 싶은 상처들
서로 힘 되고 짝 되어 받쳐주며
최상의 아름다운 조화로움으로
짜여 살아간다

이 소중함의 조화 속에
내 인생 끼워 맞추어
빼 버릴 수 없는
공간의 모자이크로

버리고 비움

로또 당첨을 꿈꾸어 보았는가
자신에게 솔직해 보았는가

집착을 부둥켜안은 두 개의 얼굴
양심은 말하고 있으리
버리고 비우면 자유롭다고
청문회에 앉은 위정자
그는 지금 섬김을 다하겠노라
목숨을 내놓듯 토하고 있다

묵은살 도려낸 자리
새살 돋게 하겠노라고
초봄의 매운바람 빈 가지 흔든다
환희의 꿈 실은 봄날 기다리며
신화 같은 나폴레옹
제비꽃 필 무렵 유배지에서 돌아오마고
그 약속과 원대한 꿈을 새겨 본다

축배의 잔

잔을 듦은
윗전에 올린 예의 가르침

잔을 채움은 우정의 나눔이오
품은 정다운 이들의 표현임을
어정세월 지나고 보니
채우지도 품지도 못한
아쉬움이네

月夜에 술렁이는 밤
홀로 서성이다
임이 오심인듯하여 잔 채워
청 끝에 달그림자 밟아서니
그림자 홀로
지샌 밤 허무만
안았더이다

세월길 소리길 따라

  삼십 년 세월에 네 번 오간 해인사길 봄 산새소리 길목마다 흐드러진 꽃길 여름 한아閑妸가 분명한 숲의 고요 가야산 억새 서걱여 첫눈 내려 암자 덮어 가슴에 이는 그리움이여 신라 약사여래 공탑 고려의 숨결 합하여 천년의 구판 팔만대장경 위대함은 중생의 불심 쌓아올린 기도여라 혼을 담아 송진 찍어 눌러 쓴 눈물 담은 경전의 살아 있는 말씀 천년을 지나 만세 이어가고 오늘 걷는 소리길에 세상 때 씻어라 마음 낮추어라 이르시네

아름답게 늙는 법 2

지혜롭게 사는 법을 배워라 한다
훈장이나 공로패 바라지마라 한다
상을 달라 구걸하지마라 한다
詩碑는 사후에 돌려라 한다

살아 숨 쉬는 동안
졸시나마 활자의 대열에 옮겨짐에
만족하다 가라 한다
소리죽여 조용히 낙엽처럼
민초처럼 살다 가라 한다

늙은이의 보상은 퇴박만 돌아오고
젊은 사람들 거친 행위는
박력의 기상이며
듣기 흉한 욕설은
유행가 노래더냐!

아름답게 늙는 법 1

잘 늙는 법 배워가며
보기 좋게 늙어라 한다
늙기도 힘겨운데
지켜라, 하지마라 왜 그리 많은지
넘을 고개 굽이굽이 태산 같아
칭찬의 말도 아껴라
잔소리 될라 소곤소곤하라
입을 다물어라, 주머니는 열어라
동양철학인지! 서양철학인지!
가는 곳마다 유행가처럼 부른다

어버이 젖은 손 길러 내심은
옛사람의 부모이야기 되고
오늘에 맞춰 사는 법
서로 큰 것 아닌 작은 도리 지켜
살아가는 법
예의 가르침은 십계명 안에서

아픔을 노래하는 시인

소쩍새 슬피 울어
고독을 노래하는 깊은 밤
아픈 소리 들습니다

싸락눈 곱게 사각거림도
위로의 노래가 된다고
그는 아픔을 노래합니다

걷지 못하는 현실을 밤길이라
울어 예는 밤이었노라고
밝은 날 기다리는 시인의 고백
지쳐 황망한 들을
바라볼 뿐이라 합니다

밝은 날이 오면
걸어가는 길 되려나
희망찬 생각으로 가득합니다

전공

내게 전공을 묻는다면
지금 내 인생을 사는 것

슬플 때는 울고
기쁨은 즐기고
아픔을 아파하며
물 따라 바람 따라
세월에 흘러
맡겨 살아가는 것이다

내 부족함 거기서 수학하며
혼자 배우며
읽고 싶을 때 읽으며
쓰고 싶을 때 쓰면서
그 속에서
詩가 되고 노래되어
내가 사는 즐거움이다

詩로 하여

나에게 시는 삶이며 정신적 지주이다
기쁨과 슬픔을 안아 주는 숙소이다
병약해서 늘 약을 안고 살아온 내게
모든 사건들과 공생 공존하게 했음이
정신의 지주되어 시를 쓰게 했다
때로는 힘이 되고
위안의 보루로 안아 주며
자신 없는 내게
써보라, 토로하라 한다
스승의 채찍질이 어버이 되고
신앙의 기도되고
벗이 되어 놀아 주기도 한다
유명한 진리가 아니라도
심오한 진리가 아니라도
마르지 않는 푸른 숲의 수원으로
시는 영원히 영혼을 길 잡아 주며
거처가 되어 준다

제1부
나를 돌아보다

회개 1 • 122
회개 2 • 123
성심에 담은 오월 • 124
겨울 산정에 • 125
신부님의 길 위 • 126
삼종 시간 • 128

■ 정순남 시집 「전공」 해설
꼿꼿하게 그리고 아름답게 / 정영자(문학평론가) • 129

제6부 사람이 좋다

부산 사람들 • 101
사랑의 애가哀歌 • 103
백의의 혼 1 • 104
백의의 혼 2 • 105
삼태기 짊어지고 • 106
목면공木棉公 문익점 • 108
나혜석 거리 • 110
보길도 • 112

제7부 두 손을 모으다

하루를 시작하며 • 115
하늘이 내게 • 116
행선 • 117
부활 • 118
내 안의 소리 • 119
자화상 • 120
귀로만 들은 일들 • 121

강화도 봄나들이 • 76
비토섬 봄날에 • 77
대마도는 대한의 섬 • 78
수종사水鐘寺의 시선 1 • 80
수종사水鐘寺의 시선 2 • 82
매물도 • 84
산이 높아 높아 • 85
지리산 • 86

제5부 시간을 느끼다

星月動 秋山 • 89
제2의 고향 • 90
이른 봄날 • 91
새봄의 신문고 • 92
봄 화전놀이 • 94
여름 이야기 • 95
나일강은 흘러 • 96
가을 山門에서 • 97
가을비에 젖으며 • 98

한가위 달에게 • 55
뿌리 깊은 나무 • 56
바다에 띄우는 편지 • 57
바다는 푸른 카니발 • 58
바다에 띄우는 연서 • 59
해 저문 바다 • 60
돌아오라 옛 강아 • 61
을숙도 쥐불놀이 • 62
막바지 해살이 • 63
바닷새야 • 64

제4부 길을 떠나다

광안대교 꽃불잔치 • 67
월령교에 올라 • 68
청산별곡 • 70
에덴공원 숲길 • 71
고령의 순장殉葬 • 72
이효석 탄생 백년 날에 • 74
남원의 테마 • 75

제2부 잊지 못하다

고향을 지척에 두고 • 37
아버지의 유품 • 38
바래지 않은 어머니 • 39
자식들 • 40
백년손님 • 41
동무에게 띄우는 편지 • 43
고향 바다 통영 1 • 44
고향 바다 통영 2 • 45
사랑의 연가 • 46
향토 국시맛 • 47
친구 • 48

제3부 자연을 벗하다

가장 아름다운 것 • 51
따스한 차 한 잔 • 52
꽃을 피움은 • 53
연꽃 • 54

차례

다섯 번째 책을 내며 • 7
여는 글 • 9

제1부 나를 돌아보다

詩로 하여 • 19
전공 • 20
아픔을 노래하는 시인 • 21
아름답게 늙는 법 1 • 22
아름답게 늙는 법 2 • 23
세월길 소리길 따라 • 24
축배의 잔 • 25
버리고 비움 • 26
인생은 조각품 • 27
시간은 달려 • 29
인생은 한 철 • 30
그리움의 간이역 • 31
형상 • 32
허무 • 33
몽당비 • 34

여는 글

뉴턴은 한 권의 책을 위해
천년의 지혜를
한 권의 책 안에서 배워라 했다.
진리의 대해를 앞에 두고
한 개 조개를 줍는 것에 불과하다 했다.
그것은 시간의 강이요
격려의 흐름이다.

나는 한 권의 책을 묶기 위해
팔 년의 세월을 두고
마음 태우며 날밤을 새웠나보다.
내 시가 짭조롬한 맛으로 음미하는
기도가 되길 바란다.

다섯 번째 책을 내며

4집을 낸 후 팔 년 만에야 게으름을 털고
다섯 번째 책을 엮었습니다.
길 따라 물 따라 시간 안에 다니며 적은 글과
각 문집에 발표된 글,
시화전에 걸었던 글을 모았습니다.
어지러이 흩어진 글들을
꼼꼼히 챙겨 도와 편집한 김다희 선생과
변변치 못한 글 맡아 평해주신 정영자 교수님
두 분께 진심으로 감사드립니다.

2013. 3.

신평 청아재에서 鄭 順 南

두손푸름시인선 53

전공

정순남 시집

도서출판 두손검

전공

_____ 님께 드립니다.

鄭 順 宇